Thomas Jorda / Martin Gebhart

Blaugelber Anekdotenschatz

Thomas Jorda
Martin Gebhart

Blaugelber Anekdotenschatz

von Figl bis Pröll

KRAL VERLAG

J.-F.-Kennedy-Platz 2, 2560 Berndorf, Tel.: 0660 – 435 76 04
E-Mail: office@kral-verlag.at, www.kral-verlag.at

Für den Inhalt verantwortlich: Thomas Jorda, Martin Gebhart
Lektorat: Johann Pröll
Umschlag und Buchgestaltung: Tina Gerstenmayer, D&K Publishing Service
www.dkwp.at

Bildernachweis:
Seite 9 bis 43: Privatbesitz Erwin Pröll
Seite 50 bis 57: Privatbesitz Familie Maurer
Seite 44, 64, 68, 72-84: Österreichische Nationalbibliothek
Seite 58: ÖVP Niederösterreich
Seite 86 bis 119: PD FOTOARCHIV Leopold Katterbauer

Erschienen in Berndorf im November 2017
ISBN 978-3-99024-720-4
Erste Auflage / Gedruckt in der EU

INHALTSVERZEICHNIS

VORWORT

Die Rolle der Landeshauptleute in der österreichischen Politik ist ein ewiges Diskussionsthema. Während auf Bundesebene immer wieder Stimmen laut werden, deren Einfluss zu beschränken, sieht das in den Bundesländern ganz anders aus. Die in der Bevölkerung fest verankerten Begriffe wie „Landesvater“ oder „Landesmutter“ zeugen davon. Ähnliche familiäre Bezeichnungen sind auf Bundesebene nicht zu finden.

Der enge Kontakt der Landeshauptleute zu ihrer Bevölkerung, der in Niederösterreich besonders intensiv gelebt wurde und wird, ist natürlich Nährboden für so manche Anekdoten, die bei Festakten, Feiern und vor allem in den vielen Briefen an die Landeshauptleute aufgetaucht oder besser passiert sind. In diesem Buch wurden solche Geschichten, die das politische Leben in Niederösterreich geschrieben hat, aufgegriffen: von allen Landeshauptleuten seit Leopold Figl, speziell aber von Landeshauptmann Erwin Pröll, der rund 25 Jahre an der Spitze dieses Bundeslandes gestanden ist. Die Suche nach solchen Anekdoten war nicht schwer, da das Büro von Erwin Pröll die meisten

Kuriositäten aus seiner Amtszeit in einer speziellen Mappe gesammelt hat. Darin befinden sich vor allem auch sehr viele Briefe, die einen schmunzeln und staunen lassen, weil man sich kaum vorstellen kann, mit welchen Problemen sich Landesbürger an ihren „Landesvater" gewandt haben. Jene Anekdoten, die in diesem Buch abgedruckt sind, stellen nur eine kleine Auswahl aus diesem Kuriositäten-Ordner dar. Und doch offenbaren sie, womit sich ein Landeshauptmann neben den großen (landes-)politischen Entscheidungen beschäftigen muss.

Das neue NÖ-Landeswappen (Entwurf)
Karikatur von Michael Pammesberger

ERWIN PRÖLL

Der Schutzpatron von Niederösterreich

Eine Religionslehrerin, die an den Hauptschulen in Felixdorf und Lichtenwörth unterrichtete, berichtete im Jahr 2008 in einem Brief dem Landeshauptmann von ihrem besonderen Erlebnis beim Unterricht über den hl. Leopold anlässlich des Landesfeiertages. Auf die Frage, wie der Schutzpatron von Niederösterreich heißt, antwortete ein Schüler „wie aus der Pistole geschossen" mit: „Dr. Erwin Pröll." Und weiter ist in dem Brief zu lesen: „Ich weiß bis heute nicht, wie viel Information der Bursche über Schutzpatrone hat, aber ich habe dazu keinen Kommentar mehr abgegeben."

***

Geld zurück für ein Rockfestival

In seinen vielen Jahren als Landeshauptmann hat Erwin Pröll die kuriosesten Briefe und Bittansuchen erhalten. Ein Schreiben aus dem Jahr 2012 sticht dabei hervor. Da bat ihn ein älterer Mann um eine finanzielle Hilfe, weil er unter falschen Erwartungen zum Rockfestival Frequency gelockt worden war. Oder wie er es formulierte: „Ich wollte als Opa zum FM4Festival gehen. Bin auch in St. Pölten gewesen, aber außer Spesen nichts gewesen." Er hatte sich einen für ihn sündteuren Festivalpass gekauft. Letztlich schaffte er nicht einmal einen Tag beim Festival, weil ihm die Musik zu laut war. Vom Landeshauptmann erhoffte er sich nun Hilfe, zumindest einen Teil des Geldes zurückzubekommen.

„Jesus und seine Apostel"

Im Jahr 2011 erhielt die Gemeinde Wildendürnbach im Bezirk Mistelbach ein Gemeindewappen verliehen. Die Übergabe erfolgte im Rahmen eines Festaktes, zu dessen Beginn der örtliche Pfarrer eine Festmesse zelebrierte. Dass er und die ganze Gemeinde auf diese Verleihung stolz waren, brachte der Priester in seiner Predigt mit einem unerwarteten Vergleich zum Ausdruck. Er verglich den Bürgermeister von Wildendürnbach mit Jesus, der ebenfalls seine Apostel – in diesem Fall den Gemeinderat – um sich geschart habe, um sich ein neues „Reich", die Gemeinde, aufzubauen. Weswegen Erwin Pröll seine Festrede dann mit

Plan B
Karikatur von Michael Pammesberger

Das dominante Männchen markiert sein Territorium
Karikatur von Michael Pammesberger
nach der 3. absoluten Mehrheit im März 2013

diesen Worten begann: „Meine sehr geehrten Damen und Herren, ich habe in meinem Leben schon Tausende Reden gehalten, aber heute bin ich etwas nervös, denn in Anwesenheit des Herrn Jesus habe ich noch nie gesprochen." Was von der Festversammlung mit großem Gelächter quittiert wurde.

Ein teures Feuerwehrfest

Bei den verschiedensten Feuerwehrfesten war Landeshauptmann Erwin Pröll immer wieder ein gern gesehener Gast. Und auch er liebte die Auftritte inmitten der Bevölkerung. Ein Fest einer Freiwilligen Feuerwehr in der Nähe der Landeshauptstadt St. Pölten blieb ihm dabei in besonderer Erinnerung, weil ihm dieses sehr teuer kam. Ausgelöst durch den Moderator, der mit dem Frühschoppen zu früh begonnen haben dürfte. Nicht nur dass er die anwesenden Gemeindeoberhäupter aus der Umgebung als „alle herumliegenden Bürgermeister" begrüßte. Einmal in Fahrt gekommen, versprach er auch gleich, dass der anwesende Landeshauptmann allen Kindern ein Eis zahlen würde. Das war allerdings weder geplant noch abgesprochen gewesen. Was nichts daran änderte, dass nach dem Festakt viele Kinder zum Landeshauptmann stürmten, um sich ihr Eis abzuholen. Womit ihm nichts anderes übrig blieb, als die Eis-Aktion zu finanzieren.

***

Feilschen um die Promillegrenze

Ein beliebtes Mittel, um mit der Bevölkerung Kontakt zu halten, waren Telefonsprechstunden in diversen Zeitungsredaktionen. Die Anliegen, mit denen Erwin Pröll dabei immer wieder konfrontiert wurde, waren kaum politische Themen. Meist wurde er ersucht, bei Problemen mit Behörden, bei der Jobsuche, bei Konflikten in Gemeinden etc. zu helfen. Und manchmal offenbarte sich das wahre Ausmaß so mancher Schwierigkeiten erst im Laufe eines Telefonats. Wie etwa bei jenem Anrufer, der Pröll mit einer Führerscheinabnahme wegen Trunkenheit am Steuer konfrontierte. Damals galt noch die 0,8-Promillegrenze und der Mann war fuchsteufelswild, dass er seinen Führerschein abgeben musste, wo doch der Alkotest nur einen Wert von 0,7 Promille ergeben hätte. Er ortete eine dreiste Verschwörung und fühlte sich ungerecht behandelt. Der Anrufer war drauf und dran, den Landeshauptmann als Verbündeten im Kampf gegen das Unrecht zu gewinnen. Aber irgendeine Eingebung veranlasste Pröll zu der Aufforderung: „Lesen S' ma das Testergebnis amoi genau vor!" Der Anrufer, hörbar überzeugt von seiner Unschuld, gab durch das Telefon bekannt: „Was i Ihna g'sagt hab. Alkoholgehalt in der Atemluft 0,7 Milligramm pro Liter." Woraufhin ein lautes Lachen des Landeshauptmannes folgte: „Na bumm, da waren S' aber eh ordentlich ang'soffen. Kein Wunder, dass der Schein weg ist." Der Mann blieb uneinsichtig: „Geh bitte, mit 0,7 is' ma net ang'soffen." Woraufhin der Landeshauptmann aufklärte, dass die gemessenen 0,7 Milligramm verdoppelt werden müssen, um den tatsächlichen Promillewert zu erhalten. Erst jetzt gab der Anrufer klein bei und sah ein, dass er in Wahrheit 1,4 Promille gehabt hatte.

Die Herren Inspektoren

An manchen Wochenenden absolvierte Landeshauptmann Erwin Pröll gleich mehrere Festakte im ganzen Land, was einen straffen Zeitplan erforderte. Einmal eilte er deswegen raschen Schrittes zu seinem Wagen und überholte dabei zwei hoch dekorierte Polizeioffiziere. Er wollte nicht unhöflich sein und blieb deswegen kurz stehen, um sich von diesen zu verabschieden. Mit einem Handschlag und einem „Auf Wiedersehen, Herr Inspektor, auf Wiedersehen, Herr Inspektor“. Die verblüffte Reaktion der Offiziere bekam dann nur noch sein Pressesprecher mit, als der eine zum anderen erstaunt sagte: „Hat der jetzt auch zu dir Herr Inspektor gesagt?“

***

GERÜCHTEN ZUFOLGE IST ERWIN **PRÖLL** EIN **MONSTER**!

AUSSERDEM HAT ER **JFK** & 2 PÄPSTE **ERMORDET** UND DIE **MONDLANDUNG** GEFÄLSCHT!..

Exklusiv: Die Wahrheit über den
Bundespräsidentschafts-Kandidaten
Karikatur von Michael Pammesberger

Sonnenuntergang in Niederösterreich
Karikatur von Michael Pammesberger

Inkognito auf dem Rennrad

Rund um Radlbrunn, dem Heimatort Erwin Prölls, war es nicht ungewöhnlich, dass man dort am Wochenende den Landeshauptmann bei einer seiner Radtouren begegnen konnte. Obwohl: Im Radsportdress mit Schutzhelm und Sonnenbrille war er nicht sofort erkennbar. Vor allem weil der Helm seine berühmte Landesfrisur verdeckte. So passierte es, dass Erwin Pröll in der Nähe von Großweikersdorf wegen eines kaputten Reifens aufgeben musste. Ein Bauer kam gerade mit dem Traktor samt voll beladenem Anhänger vorbei. Mit den Worten „Hau di aufe mit deiner Kraxn" bot er dem gestrandeten – aber ihm offenbar unbekannten – Radfahrer an, ihn mitzunehmen. Noch schöpfte der Landeshauptmann ob dieser Einigkeit keinen Verdacht, zumal er derart unkomplizierte Begegnungen in seiner Heimat durchaus gewöhnt war. Stutzig wurde Pröll erst, als ihn der Bauer während der Fahrt fragte: „Wo willst den obe?" Um zu erfahren, wo er seinen Mitfahrer wieder absetzen sollte. Es war für ihn doch ungewöhnlich, dass der Landwirt keinen Bezug auf das naheliegende Radlbrunn nahm. So vereinbarte man eine Kreuzung, bei der Pröll später absteigen würde. Pröll dankte seinem Helfer und der wiederum verabschiedete sich von seinem Fahrgast lediglich mit dem Satz: „Gö, schlecht g'fahrn is besser als gut 'gangen." Pröll erzählte später einem Bekannten von diesem Vorfall. Und weil rund um Radlbrunn doch irgendwie jeder jeden kennt, dauerte es nicht lange, bis Prölls Bekannter dem Landeshauptmann berichtete: „Du, dein Helfer hat dich tatsächlich während der ganzen Traktorfahrt nicht erkannt."

Erwins „Absolute“
Relativitätstheorie

Karikatur von Haberzettl

Die leeren Schulklassen

Als der ehemalige Skirennläufer Thomas Sykora am Höhepunkt seiner Karriere war und in Kitzbühel einen fulminanten Slalom-Weltcupsieg gefeiert hatte, gab es in seinem Heimatort Göstling einen großen Empfang. Mit dabei natürlich auch Landeshauptmann Erwin Pröll, um Niederösterreichs bestem Slalomläufer zu gratulieren. Zu späterer Stunde wurde dieser von einem jungen Schüler mit einer besonderen Bitte konfrontiert. Dieser bat den Landeshauptmann, ob er nicht am nächsten Tag schulfrei haben könnte, weil doch das Fest so lange gedauert hätte. Erwin Pröll sah darin kein Problem und versicherte in seiner Funktion als Landesschulratspräsident, dass der Schüler am kommenden Tag zu Hause bleiben könne. Womit dieser jedoch noch nicht ganz zufrieden war. Er wollte es auch schriftlich mit der Signatur des Landeshauptmannes. Um ja auf Nummer sicher zu gehen. Tags darauf meldete sich dann telefonisch ein verwunderter und aufgeregter Direktor der Schule in Göstling im Landhaus in St. Pölten, weil alle Klassen fast leer waren. Der Grund war rasch gefunden: Der Schüler hatte die hochoffizielle Entschuldigung für seine Schulkollegen kopiert, sodass auch diese zu Hause geblieben waren. Womit dem Direktor nichts anderes übrig blieb, auch noch jene Schüler nach Hause zu schicken, die nicht in den Genuss der kopierten Entschuldigungen gekommen waren.

Der verbale Sparringpartner

Einige Sorgenfalten bei seinem Redenschreiber und seinem Pressesprecher sind der unbändigen Lust des Landeshauptmannes geschuldet, dass er gerne sein Redekonzept durchbrach, um spontan auf die Worte seiner Vorredner zu reagieren. Einer seiner Lieblings-Sparringpartner war bei diesen verbalen Auseinandersetzungen Propst Maximilian Fürnsinn vom Stift Herzogenburg. Etwa bei der Eröffnung der Herzogenburger Bahnunterführung im Jahr 2010. Da schrieb Bürgermeister Franz Zwicker das schöne Wetter beim Festakt dem Propst zu. Was Erwin Pröll in seiner Festrede zu der Feststellung verleitete, dies könne nicht stimmen, weil er oft an Herzogenburg vorbeifahre und immer wieder viele Regenwolken über der Stadt gesehen habe. Propst Maximilian wiederum griff da bei der Segnung auf und meinte: „Der Himmel weint, weil die Subvention für die Renovierung des Stiftes Herzogenburg so gering ausfalle.“ Wobei er nach Gelächter und Beifall noch rasch mit einem Nachsatz reagierte: „Das ist aber eine scherzhafte Bemerkung gewesen.“ Was Erwin Pröll noch einmal das Wort ergreifen ließ: „Aha, hat dir der Herrgott im letzten Moment noch einen Stupser gegeben?“

Jahre zuvor, bei der Eröffnung des Abschnittes Traismauer-Süd auf der S33 im Jahr 2005, war hingegen Propst Fürnsinn verbaler Sieger geblieben. Während eines Musikstückes hatte sich Landeshauptmann Pröll beim Festakt bereit gemacht, das Rednerpult zu erklimmen. Allerdings war laut Programm davor erst die Segnung geplant. Weswegen sich der Propst einen kleinen Seitenhieb in Richtung Landeshauptmann nicht verkneifen konnte: „Du, das geht mich an, das ist zu fromm für dich."

Weinpate Herbert Prohaska

Herbert „Schneckerl" Prohaska und Landeshauptmann Erwin Pröll verbindet eine langjährige Freundschaft. Dabei vor allem die gemeinsame Lust, das jeweilige Gegenüber „auf die Schaufel" zu nehmen. Für besonderes Gelächter sorgte das beim Winzerfest Poysdorf im Jahr 2012. Der ehemalige Fußballstar war bei diesem Fest zum Weinpaten gekürt worden und durchwanderte aus diesem Anlass gemeinsam mit dem Landeshauptmann die Kellergasse. Da wurde er von einem Fan angesprochen, der gleich hinzufügte, dass er sich von Schneckerls Frau gerne einmal die Haare schneiden lassen würde. Prohaska war anfangs etwas irritiert, kam dann aber rasch zu der Erkenntnis, dass da etwas verwechselt wurde. Nicht seine Frau, sondern jene seines ehemaligen Teamkollegen Andi Ogris ist als Frisörin bekannt. Weswegen er dem begeisterten Fan nur einen Tipp gab und dabei auf die Glatze von Erwin Pröll zeigte: „Wünsch dir nicht, dass dir meine Frau die Haare schneidet, sonst schaust du bald so aus wie der Landeshauptmann."

GEBOREN AM 24. DEZEMBER VOR 70 JAHREN ...

AUFGEWACHSEN IM WUNDERSCHÖNEN RADLBRUNN

HERRSCHER ÜBER EIN REICH, IN DEM DIE SONNE FAST NIE UNTERGEHT!

(NATÜRLICH DEMOKRATISCH GEWÄHLT!)

Niederösterreichisches Glaubensbekenntnis
Karikatur von Michael Pammesberger
zum 70. Geburtstag, 2016

Verschwundene Requisiten

Bei einer Ausstellungseröffnung auf der Schallaburg im Jahr 2011 sorgte eine Schauspielszene über ein Geplänkel zwischen dem Verführer Giacomo Casanova und einem jungen Mädchen bei Landeshauptmann Erwin Pröll und seiner Ehefrau Sissi für besonderes Gelächter. Was viele Gäste verwunderte, weil die Szene gar nicht so lustig war. Die engeren Mitarbeiter von Erwin Pröll allerdings wussten, was ihn und seine Frau so erheiterte. Eine Stunde zuvor waren beide nach einer Glockenweihe alleine den Arkadengang durch die Ausstellung marschiert. Beide waren ziemlich hungrig, weil im dicht gedrängten Tagesprogramm keine Zeit war, einen Bissen zu sich zu nehmen. Es war daher wie ein Geschenk des Himmels, dass sie bei ihrem Rundgang kleine Tische mit zwei Schalen voll mit Weintrauben, Oliven und Mozzarellabällchen entdeckten. Getrieben vom Hunger griffen sie ohne Zögern zu. Und der Landeshauptmann reichte den Imbiss großzügig an seine Mitarbeiter weiter. Derart gestärkt erlebte man dann die Eröffnung. Allerdings mit einer stark verkürzten Verführungsszene von Giacomo Casanova. Denn die Weintrauben, Oliven und Mozzarellabällchen, mit denen Casanova das junge Mädchen verführen sollte, waren nicht mehr dort, wo sie sein sollten. Den Darstellern war alles andere als zum Lachen zumute – im Gegensatz zu den Prölls, die sich – im wahrsten Sinne des Wortes – köstlich amüsierten. Und weil die Szene gar nicht so lustig war, wusste auch das Publikum nicht so recht, wie das Pröll'sche Lachen zu deuten sei. Vermutlich gab es viele Mutmaßungen darüber – nur eines war das Lachen bestimmt nicht: verräterisch.

Abwechslungsreiche NÖ-Küche
Karikatur von Michael Pammesberger

Krems in 100 Jahren
Karikatur von Michael Pammesberger

Weisung gegen das Rauchverbot

Sie repräsentierten zwar verschiedene Parteien, aber menschlich verstanden sich der ehemalige SPÖ-Nationalratsabgeordnete und Trumauer Bürgermeister Otto Pendl und ÖVP-Landeshauptmann Erwin Pröll sehr gut. Pendl erhielt auch vom Land eine besondere Ehrung, weswegen im Millenniumssaal des Landhauses in St. Pölten ein kleiner Empfang gegeben wurde. Bald merkte man, dass dem Geehrten etwas an der Feier nicht ganz passte. Und so konfrontierte er den Landeshauptmann mit der Frage, wer eigentlich bei so einer Ehrung das Sagen habe. Pröll reagierte überrascht, schrieb dieses Recht aber für die Dauer der Feier dem Geehrten zu. Woraufhin Otto Pendl sofort lautstark verkündete: „Das Rauchverbot ist hiermit aufgehoben.“ Und Erwin Pröll musste sich fügen.

***

Erwin Pröll und die Bundespolitik
Karikatur von Michael Pammesberger

Das Dirigenten-Bekenntnis

Bei den verschiedensten Festakten gehörte das Bild des Landeshauptmannes als Dirigent von Blaskapellen einfach dazu. Selbst bei seinem Abschied im Landhaus schwang er noch einmal den Dirigentenstab. Dass er von diesem Metier eigentlich wenig verstand, offenbarte Erwin Pröll bei der Weihe des Altars und des Taufbeckens in der Altenburger Stiftskirche im Jahr 2013. Da verglich Pater Michael bei seinem Dank für die finanzielle Unterstützung durch das Land den Landeshauptmann eben mit einem Dirigenten. „Du warst maßgeblich an der Hilfe für uns beteiligt. Der Dirigent ist das Wichtigste bei einem Orchester. Wenn der die Musiker nicht zusammenhält, wird das nichts“, so seine Worte. Als Reaktion legte Erwin Pröll ein Geständnis ab: „Hast du eine Ahnung. Weißt du, wie oft ich schon Musikkapellen dirigiert habe? Ich kann es nicht und die haben trotzdem richtig gespielt.“

Die Rechte eines Ehrenbürgers

In unzähligen Gemeinden des Landes wurde Landeshauptmann Erwin Pröll in seiner Amtszeit ob der Leistungen für die Kommunen zum Ehrenbürger ernannt. Das beinhaltet auch das Recht des Ehrenbürgers, bei Verarmung täglich kostenlos eine warme Mahlzeit in den betroffenen Gemeinden zu erhalten. Die Gemeinde Japons im Waldviertel verlieh dem Landeshauptmann im Jahr 2009 – damals übrigens bereits als 62. NÖ-Gemeinde – die Ehrenbürgerschaft. Wobei Bürgermeister Karl Braunsteiner besonders auf dieses Armenrecht verwies: „Ich hoffe nicht, dass die Zeiten so schlecht werden, dass du, sehr geehrter Herr Landeshauptmann, von deinem Recht als Ehrenbürger Gebrauch machen musst. Aber sollte es einmal der Fall sein, dann wirst du die Japonser Sparsamkeit kennenlernen." Der Konter von Erwin Pröll in seiner Dankesrede: „Bürgermeister, mach dir keine Sorgen, mir ist ein kaltes Glas Grüner Veltliner sowieso lieber als eine warme Suppe."

***

Beispiele für die Spitzenforschung in der Provinz
Karikatur von Michael Pammesberger

Darmkrebs-Früherkennungstest als Dankeschön

Weil ihm Landeshauptmann Erwin Pröll bei seiner Eingabe für den Zivildienst entscheidend geholfen hatte, bedankte sich ein Niederösterreicher mit einem außergewöhnlichen Geschenk. Er schickte ihm aus seinem Institut als „kleines Dankeschön“ einen Darmkrebs-Früherkennungstest, wie sie in einigen Gemeinden zur Gesundheitsvorsorge verwendet werden. Zitat aus dem Dankesschreiben: „Da ich schon zwei Freunden persönlich helfen konnte, Darmkrebs zu verhindern, sehe ich Gesundheit als das beste Geschenk. Natürlich hoffe ich bei Ihnen, dass Sie keinen Anlass zur weiteren Untersuchung feststellen werden.“ Mit so einem Dank hatte der Landeshauptmann wirklich nicht gerechnet.

***

Herzergreifende Szene
Karikatur von Michael Pammesberger
aus Anlass der Rückkehr von Johanna Mikl-Leitner
in die NÖ Landesregierung im April 2016

Landeshauptmann als Heiratsvermittler

Mit einem ganz besonderen und außergewöhnlichen Anliegen wandte sich im Juni 1999 ein Langenzersdorfer an seinen „Landesvater“ Erwin Pröll. Er wollte seine Lebensgefährtin mit einem Hochzeitstermin im Rathaus in Klosterneuburg überraschen: Und weil die Braut ja nichts von ihrem bevorstehenden Glück wissen durfte, suchte der Bräutigam einen Vorwand, um seine Angebetete nach Klosterneuburg zu locken. Seine letzte Hoffnung dabei war der Landeshauptmann, an den er einen Bittbrief richtete, in dem es wörtlich hieß: „Ich möchte Helga am 26. 6. 1999 um 14 Uhr im Rathaus in Klosterneuburg heiraten. Da sie von diesem ‚Date‘ noch nichts weiß, benötige ich deine Hilfe, sie mittels einer fingierten Einladung an diesem Tag nach Klosterneuburg zu locken.“ Diese Bitte konnte Pröll natürlich nicht abschlagen und ließ tatsächlich einen offiziellen Brief verfassen, indem er das Paar zu einem Festbankett in das Rathaus Klosterneuburg einlud. Der Brief verfehlte seine Wirkung nicht. Die Braut erschien und staunte nicht schlecht, als sie zur Trauung geführt wurde, wo nicht der Landeshauptmann, sondern der Standesbeamte wartete.

***

Kindliche Erkenntnisse

Es war immer wieder die unberechenbare Direktheit von Kindern, die bei Erwin Pröll meist ein schallendes Gelächter auslöste. So etwa beim Festakt zur Markterhebung der Gemeinde Würmla im Oktober 1999. Da hatten die Kindergartenkinder einen Fahnentanz aufgeführt. Ein besonders couragierter Bub zeigte danach mit seiner Fahne auf den Landeshauptmann und rief freudestrahlend: „Dich kenn ich, du bist der Thomas Klestil." Was Pröll seine Festrede mit einer Klarstellung beginnen ließ: „Also, um alle Verwechslungen auszuschließen, darf ich mich vorstellen. Ich bin der Erwin Pröll."

Oder beim Rotkreuzball in Niederneustift im Februar 2008. Da konnte ein Bub einfach nicht seine Blicke vom Landeshauptmann lassen. Der Grund: Er hatte Erwin Pröll bislang nur aus der ORF-Sendung „Niederösterreich heute" gekannt. Dass er ihm nun direkt gegenüberstand, wollte ihm nicht so richtig in den Kopf gehen. Um Klarheit zu erhalten, stellte er schließlich dem Landeshauptmann die entscheidende Frage: „Bist du aus dem Fernseher rausgehüpft?" Damit hatte auch Erwin Pröll nicht gerechnet. Nach langem herzhaftem Lachen schenkte er schließlich dem Buben ein Stofftier zur Erinnerung.

Keine Einladung zum Opernball

Es war bei den verschiedensten Ehrenzeichenverleihungen fast schon ein Stehsatz. Die Auszeichnung verband Landeshauptmann Erwin Pröll immer scherzhaft mit einem Besuch beim Opernball, wo die Auszeichnung sichtbar getragen werden musste. Die Geehrten aus Niederösterreich reagierten mit einem Lachen. Nicht so allerdings ein Deutscher, der in Retz im Oktober 2004 ein Ehrenzeichen vom Landeshauptmann überreicht bekam. Der nahm den publikumswirksamen Scherz, dass die Verleihung mit der Verpflichtung verbunden sei, „Ihre Frau und Ihre Tochter zum nächsten Opernball auszuführen", mehr als wörtlich. Tage nach der Verleihung meldete er sich im Büro von Erwin Pröll und tat seiner Freude kund, dass er mit seiner Frau und seiner Tochter vom Landeshauptmann zum Opernball eingeladen worden sei. Es lag danach am Geschick einer Mitarbeiterin von Erwin Pröll, die Dinge wieder ins rechte Licht zu rücken.

***

Die Sache mit dem Gemeindestier

Bei der Eröffnung des renovierten Amtshauses einer Gemeinde gab es für Landeshauptmann Erwin Pröll und einige Ehrengäste auch eine Führung durch die Räumlichkeiten. Bei den Büros der Gemeindeführung lobte der Bürgermeister, dass bei dem Projekt die Geldmittel sehr effizient eingesetzt worden wären. Wörtlich führte er ganz stolz aus: „Herr Landeshauptmann, ich möchte darauf hinweisen, dass wir eine ganz besonders sparsame Gemeinde sind. An dem Ort, wo wir uns jetzt befinden, also dem Zimmer des Bürgermeisters beziehungsweise des Vizebürgermeisters, stand früher der Gemeindestier." Was Erwin Pröll mit den Worten „Na ja, das könnte ja eine fruchtbare Tätigkeit werden" kommentierte. Klar war, dass Pröll in seiner Festrede die Sache mit dem Gemeindestier und dem Bürgermeisterzimmer erwähnte. Allerdings erntete er dafür nicht wirklich ein Lachen, sondern eher hintergründiges Tuscheln der Festgäste. Pröll konnte mit der sichtlichen Unruhe im Publikum zunächst nichts anfangen. Bis er später aufgeklärt wurde, dass in der Gemeinde seit einiger Zeit Gerüchte über angebliche Liebschaften des Bürgermeisters die Runde machten.

Ermahnung für Bruder gefordert

Es waren nicht immer nur politische Anliegen, die an Landeshauptmann Erwin Pröll herangetragen wurden. Viele Landesleute sahen in ihm auch bei privaten Problemen die letzte Instanz. So ein Waldviertler, der sich 1998 wegen der Trunksucht seines Bruders an ihn wandte, weil die Familie darunter litt. In einem Brief bat der Mann den Landeshauptmann, dass sich dieser nach seinem Bruder, einem Gemeindesekretär, erkundige. Er erhoffte sich damit, „dass er einen derartigen Schock bekommt und sich freiwillig einer Therapie unterzieht", so der Bittsteller.

Die Florian-Statue fehlte

Bei der Einweihung des Feuerwehrhauses in Aspang im November 2008, die Landeshauptmann Erwin Pröll gemeinsam mit dem Pfarrer vornahm, herrschte plötzlich Ratlosigkeit. Die Statue des hl. Florian sollte geweiht werden, aber der Pfarrer suchte diese vergeblich auf der Bühne. Woraufhin der Feuerwehr-Bezirkskommandant einflüsterte: „Das machen wir später, weil die Statue liegt noch in meinem Auto."

Der durstige Landeshauptmann

In einem Land wie Niederösterreich, in dem sogar ein Viertel nach dem Wein benannt ist, muss ein Politiker mit dem Wein auf Du und Du sein. Für einen wie Erwin Pröll, der selbst aus dem Weinviertel stammt, kein Problem, egal wo er auch unterwegs war. Allerdings musste er dafür schon auch ein wenig nachhelfen.

Etwa bei so manchem Festakt in einer Gemeinde. Oft dauerte es sehr lange, bis der Landeshauptmann am Ende des Festprogramms – nach Messe, Musikstücken und diversen Ansprachen – selbst mit seiner Rede an der Reihe war. Meist stand dann am Rednerpult ein Glas Wasser, was der Landeshauptmann so kommentierte: „Also, ich bin sehr irritiert. Jetzt bin ich schon so lange bei euch in der Gemeinde und hab bis jetzt noch nix zu trinken bekommen. Und jetzt steht noch dazu ein Glas Wasser am Rednerpult."

Was dann passierte, war immer gleich: zunächst offenkundige Betroffenheit unter den Veranstaltern. Aber schon im nächsten Moment wurden dem Landeshauptmann noch während seiner Rede ein Glas Wein oder ein Stamperl Schnaps serviert.

***

Wasser und Wein

An die biblische Verwandlung von Wasser in Wein fühlte sich Erwin Pröll bei einem Besuch in einer Gemeinde erinnert. Nachdem dem Landeshauptmann eine Ehrung überreicht wurde und die Landeshymne den Festakt beschloss, lud der Bürgermeister die Ehrengäste an den Ehrentisch zu einem gemeinsamen Essen. Nachdem alle ihren Platz gefunden hatten, erschien ein Helfer mit den Worten: „Ich bringe sofort Wasser!“ Daraufhin wandte sich Erwin Pröll an den Gemeindearzt, der ebenfalls am Tisch saß, und meinte mit einem Schmunzeln: „Also, Herr Doktor, Ihre Leut´ in der Gemeinde können nicht g´sund sein. Die bringen nur Wasser.“ Nach einigen Momenten kam der Helfer wieder zurück und stellte – zur Freude des Landeshauptmanns – doch Wein auf den Tisch. Das wiederum nützte Pröll und meinte zum Arzt: „Herr Doktor, ich nehme alles zurück. Jetzt sehe ich, welches Wasser Sie da verschreiben.“

„Ich kann dir melden, Herr Prälat, dass an diesem Tisch nur gute Katholiken sitzen. Bis auf einen, der mit einem Spritzer noch im Glauben schwankt, und einen Atheisten mit Mineralwasser."

SIEGFRIED LUDWIG

Siegfried Ludwig ist im südmährischen Wostitz als Sohn eines Wagners und Kleinlandwirts zur Welt gekommen. Trotz der wenig begüterten Eltern konnte er das deutsche Gymnasium in Znaim besuchen. Seinen Tschechischkenntnissen nützte das gar nichts. In Wostitz – wo unter 2.500 Einwohnern kein einziger Tscheche war – wie in Znaim war er nur von Menschen deutscher Muttersprache umgeben. „Ich habe nie Anlass gehabt, Tschechisch zu lernen", sagte er später einmal bedauernd. Einen Kulturschock erlitt er nach der Vertreibung 1945 nicht – die Wostitzer hatten sich immer schon als Nord-Niederösterreicher verstanden und gefühlt.

Ein Mitschüler Ludwigs in Znaim war Peter Alexander Neumayer, später unter Weglassung seines Nachnamens bekannt gewordener Entertainer. In der Schule zeigte er stets einen Hang zur Flucht. „Das Fenster im ebenerdigen Klassenzimmer war eine Versuchung, der Peter nicht widerstehen konnte", erinnerte sich Ludwig. Was immer er fern der Schulpflicht trieb, sportliche Ambitionen hatten weder er noch Ludwig. Er sei sich, erinnerte sich Alexander, mit dem lieben Siegfried als oberstes Gebot einig gewesen: No sports, just fun!

Alexander beneidete Ludwig stets um „deinen bedingungslosen Einsatz. Und ich weiß, du hast mich gemocht. Denn du hast mich einmal abschreiben lassen". In der Schule, das verriet Alexander später, hatte Siegfried Ludwig einen Spitznamen, Six. Später, bei der CV-Verbindung „Austria Wien", bekam er den Vulgonamen „Spund". Das bedeutet zweierlei. Ein Spund ist ein kleiner hölzerner Stöpsel zum Verschließen des Spundlochs in einem Fass oder ein junger, unerfahrener, inkompetenter Bursch. Da Letzteres über Ludwig wohl nie zu sagen war, erklärt sich sein Couleurname wohl eher doch aus dem nicht eben großen Körpermaß.

Die Erinnerungen Ludwigs reichen natürlich bis in die Ära Leopold Figls. Der besuchte eines Tages die Bezirkshauptmannschaft Horn, wo Ludwig gerade Dienst machte. Als Figl hörte, dass Ludwig zu einem Kurs nach Wien musste, nahm er den jungen Mann mit. Eine Auszeichnung, die Ludwig gerne annahm und dennoch bereute. „Ich wäre mit dem langsamsten Bummelzug schneller in Wien gewesen", erinnerte sich Ludwig später. „Wir sind bei unzähligen Wirtshäusern stehen geblieben. Ich war mir bald sicher: Nicht nur alle Niederösterreicher kennen den Figl, der Figl kennt auch alle Niederösterreicher. Er redete alle mit dem Vornamen an und wusste von jedem die Lebensumstände. Das war phänomenal!"

***

Landeshauptmann Johann Steinböck kommt auch in den Erinnerungen Ludwigs vor. Der hatte als Personalvertreter mit Steinböck zu verhandeln – und kam dem bald auf die Schliche. War er mit den Gesprächen nämlich nicht zufrieden, und fühlte er sich von seinen Gesprächspartnern ins Eck gedrängt, drückte er unauffällig einen Knopf unter dem Schreibtisch. Steinböcks Sekretär erschien und „erklärte mit großem schauspielerischem Talent, er habe ganz und gar vergessen, den Herrn Landeshauptmann an einen besonders wichtigen Termin zu erinnern – worauf der aufstand, entschuldigend den Raum verließ und nicht wieder auftauchte“, beklagte sich Ludwig noch später.

Wahlwerben gehört zum täglichen Brot eines Politikers. Eines Tages warb Siegfried Ludwig vor einer Wahl zu sehr früher Morgenstunde um Wähler. Eine junge Dame bat er eindringlich: „Geben Sie mir Ihre Stimme!“ Doch die arme Frau war so früh noch nicht zu klaren Gedanken fähig und stotterte nur: „Ich kann doch gar nicht singen!“

Bereits Ludwigs erste Wahl führte ihn 1964 in den NÖ Landtag. Er kämpfte dabei an der Seite des Abgeordneten Hermann Laferl aus Weikersdorf im Steinfeld. Die beiden waren, wenn sie gemeinsam auftraten, höchst erfolgreich, auch wenn Laferls Stil dem von Siegfried Ludwig nicht entsprach. Vor allem, wenn's um Sachpolitik ging. Ludwig erinnerte sich: „Einmal hat Laferl versprochen: Wann wir die Wahl g'winnen, bauen wir euch a neue Brucken!“

Den Einwand, es gebe gar keine Bach, wischte Laferl souverän vom Tisch: „Regt's euch ned auf. Den Bach versprech' ich euch bei der nächsten Wahl!“

Daheim war die Familie Ludwig in Perchtoldsdorf. Georg Prader, einst schwarzer Verteidigungsminister, hatte nach einer Versammlung eine gute Idee. Er hätte noch viel Post aufzuarbeiten, die er im Auto mitführe, teilte er dem jungen Parteifreund mit. Er käme mit seinem Stab zu Ludwig nach Hause in Perchtoldsdorf. Und man möge seinen Leuten etwas Ordentliches zu trinken geben. Keiner sollte Ludwig mangelnde Gastfreundschaft nachsagen – und um fünf Uhr früh fanden sich die mitgereisten Generäle im nicht mehr einsatztauglichen Zustand. Was Prader seufzen ließ: „Wie soll i jetzt an Krieg gewinnen?"

Wie es sich für einen guten Landeshauptmann gehört, war Siegfried Ludwig äußerst trinkfest. Und was er von einem Regierungskollegen einmal boshaft anmerkte, galt durchaus auch für ihn. „Der Zenz Höfinger ist wie eine Briefmarke. Wenn er feucht ist, bleibt er picken."

***

Bei einer Weintaufe in Dürnstein wies der Abt des Stiftes Herzogenburg, Maximilian Fürnsinn, mithilfe großer Theologen wie Thomas von Aquin nach, dass Weintrinken eine katholische Tugend sei. Ludwig passte gut auf und teilte dann Fürnsinn mit: „Ich kann dir melden, Herr Prälat, dass an diesem Tisch nur gute Katholiken sitzen. Bis auf einen, der mit einem Spritzer noch im Glauben schwankt, und einen Atheisten mit Mineralwasser."

Fromm war Siegfried Ludwig tatsächlich. Was ihn nicht daran hinderte, seiner Meinung Ausdruck zu verleihen. So thematisierte er einmal sehr deutlich das Bedürfnis der Stifte und Klöster nach Unterstützung durch die öffentliche Hand bei allfälligen Restaurierungsarbeiten. Ludwig führte dazu aus: „Wenn einer der Äbte zur Landesregierung kommt, dann schaut er gar nicht fromm wie daheim im Kloster, sondern meist sehr begehrlich. Und meine Beamten, vor allem die von der Kulturabteilung und dem Denkmalschutz, schauen plötzlich sehr fromm und schicken Stoßgebete in den Himmel. Was aber nichts nützt. Die Gebete werden nicht erhört, denn die Äbte haben einen besseren Draht nach oben."

In Perchtoldsdorf, wo Ludwig einst Bürgermeister war, gab und gibt es den legendären Hiataeinzug, ein großes Fest nach der Weinlese. Dabei durften die Hiata (Hüter) auch immer wieder kritisch-lustige Gstanzln gegen die hohe Politik singen. Eines Tages revanchierte sich die aber in Gestalt von Siegfried Ludwig, und zwar in jenem Jahr, als der Ötzi entdeckt wurde. Ludwig dichtete damals: „Bei uns in die Weinberg' ham s' den Perchti entdeckt. Der war da ob'n tausend Jahr lang versteckt. Er war a Hiata, so viel ist scho g'wiss, dem trotz fuffzehn Viertel ka Reim ei'g'fall'n is!"

Maurer baut das Land auf.
Karikatur von Ironimus

ANDREAS MAURER

Andreas Maurer war der letzte in der ununterbrochenen Reihe von Bauernbündlern an der Spitze des Landes. Nach ihm kam mit Siegfried Ludwig ein Mitglied des ÖAAB an die Macht, ehe Erwin Pröll das Ruder wieder Richtung Bauernbund zurückreißen konnte. Inzwischen ist auch das Vergangenheit, Prölls Nachfolgerin Johanna Mikl-Leitner ist eine gestandene ÖAABlerin. Ob das in Zukunft überhaupt noch eine Rolle spielen wird? Immerhin will der neue strahlende Stern der ÖVP, Sebastian Kurz, seine Partei vom Bündedenken befreien.

Aber wir sind bei Andreas Maurer. Und der wusste, wo er daheim war, nämlich als Bauer in Trautmannsdorf an der Leitha. Als ihm eines Tages ein Landtagsabgeordneter der SPÖ vorwarf, das Land autokratisch zu beherrschen, es „wie einen Bauernhof zu verwalten“, meinte Maurer nur: „Es soll dem Land nichts Schlechteres passieren, wenn es wie ein guter Bauernhof geführt wird!“

Maurer war nicht nur Bauer, sondern auch deklarierter ÖVPler. Bei einem Besuch der Welser Messe sollte er sein Glück an einem dort aufgestellten Roulettetisch versuchen. Der Croupier schlug ihm vor: „Setzen Sie auf null, das ist neutral." Worauf Maurer sehr bestimmt konterte: „Ich bin nicht neutral. Ich setze natürlich auf Schwarz."

Angesichts der Zeit, in der Maurer lebte, verwundert es nicht, dass ihm Gleichberechtigung nicht wirklich ein Anliegen war. Bei der Eröffnung einer neuen Volksschule erzählte der Bürgermeister, dass es hier zwar einen Direktor, aber sonst nur Lehrerinnen gäbe. Was Maurer sofort kommentierte: „Wie schafft der das? Ich komme mit einer kaum zurecht."

Gemeint war natürlich sein Frau Hermine. Bei der Feier zur Silbernen Hochzeit erinnerte der Priester den Jubelbräutigam, dass er versprochen hatte, seine Frau immer zu lieben. „Na, und sind sechs Kinder kein Beweis dafür?", meinte Maurer, was den Priester zur Gegenrede veranlasste: „Das ist aber das Verdienst deiner Frau. Weil du als Politiker bist ja nie zu Hause."

Tatsächlich war Andreas Maurer kaum daheim, dann aber gerne bäuerlich arbeitend unterwegs. Als er wieder einmal entsprechend zupackte, kommentierte das ein Familienmitglied doch recht spitz: „Ah, da Vota arbeit wos daham. San leicht Journalisten in der Nähe?"

Einer Vertreterin dieser Zunft, die Maurer auf seinem Hof in Trautmannsdorf an der Leitha besuchte, wunderte sich über die Turngeräte im Hof. Ein Wort gab das andere, schließlich zeigte Maurer, wie gut er körperlich in Schuss war – und ließ nicht eher locker, bis die Besucherin sich auch aufs Reck schwang. Was einer der Söhne Maurers, der das Geschehen aus dem Küchenfenster beobachtete, mit der Aussage quittierte: „Is die jetzt wegn an Interview kommen. Oda gibt ihr der Vater a Turnstund'?"

Nicht nur das Turnen gehörte zu Maurers Lieblingsbeschäftigungen. Noch viel mehr liebte er zu schnapsen und – natürlich – dabei zu gewinnen. Da flogen oft harte Worte. War Maurer sehr zornig, schrie er gerne bei jedem Stich: „I drah dir's Gnack ab!" Doch er konnte sich versöhnlich zeigen, aber nicht zu viel. Als ihn Bundesparteiobmann Karl Schleinzer einmal besiegte, lobte sich Maurer selbst: „Schau, jetzt hab' ich dein Image aufpoliert."

***

Von einer Anekdote gibt's zwei Versionen. Die Grundgeschichte steht außer Zweifel. Bei einer Wahlversammlung hatte sich ein Mädchen die Bluse aufgeknöpft und den Landeshauptmann um ein Autogramm gebeten. Dieser erfüllte den Wunsch, die Gerüchte, er hätte der jungen Dame direkt auf den Busen geschrieben, aber stets dementiert. Den Stift hätte er weit höher angesetzt.

Wahlkampf in Niederösterreich 1979
Karikatur von Ironimus

Doch weil die Geschichte in Zeiten blühender Altherrenwirte die Fantasie anregte, gibt es noch eine zweite Version. Danach hätte der ehemalige Rallye-Cross-Europameister Franz Wurz dem Landeshauptmann für ähnliche Fälle seine Hilfe angeboten. Was Maurer mit der betrübten Aussage quittierte: „Da häst ka Freud'. Die Busen san a nimmer des, was sie amol worn."

Und wenn wir schon beim Thema Schlüpfrigkeit sind. Anfang der Siebzigerjahre war Erwin Wenzel der Kandidat für den Posten des oberösterreichischen Landeshauptmanns. Bundesparteiobmann Karl Schleinzer schenkte ihm sogar – heute undenkbar – einen jungen, aber echten Löwen. Schließlich war Wenzel in seinem Sternzeichen Löwe. Was Maurer zur Aussage verlockte: „I bin im Sternzeichen Jungfrau. Schau ma, wos der Schleinzer mir schenkt."

Den Namen Maurer nützte der Landeshauptmann auch im Wahlkampf – und zeigt sich 1974 gerne mit einem Ziegel als Wahlkampfsymbol der ÖVP, eben dem Mauerziegel. Die Folge war eine schmerzhafte Sehnenscheidenentzündung, schließlich hatte er bei jeder Veranstaltung einen solchen Ziegel gestemmt.

In Steinabrückl bedrohte ein sichtlich betrunkener Mitbürger während des Wahlkampfes den Landeshauptmann mit einem solchen Ziegel. Was Maurers Begleitung in leichte Panik versetzt, aber nicht ihn selbst. Er schnappte sich den Ziegelstein, schrieb ein Autogramm drauf, gab den Stein zurück und war längst weg, ehe der Alkoholisierte den Mund wieder zubekam.

Allzu große Bürgernähe tut selten gut. Als im Zuge des sogenannten Ölschocks 1974 von den Menschen ein auto-

Beim „Wettmauern“ mit Landeshauptmann Wenzel und seinem Stellvertreter Hartl auf der Welser Messe ging Andreas Maurer als Sieger hervor.

freier Tag pro Woche eingefordert wurde, ging Maurer mit gutem Beispiel voran. Er wählte den Montag als autolosen Tag und stand in der Früh auf dem Bahnhof Trautmannsdorf. Sein Pech: Der Zug kam eine Stunde zu spät, dann blieb auch noch der D-Wagen in Wien stecken (wo damals ja noch die Landesregierung beheimatet war). Maurer, der ein Fanatiker in Sachen Pünktlichkeit war, kam jedenfalls so spät wie noch nie ins NÖ Landhaus und musste sich von den Medien auch noch als „erstes Pickerl-Opfer" verhöhnen lassen.

Zu den beliebtesten Geschichten über Andreas Maurer gehört der ewig gleiche Schmäh bei öffentlichen Veranstaltungen: „Bei uns in Niederösterreich herrscht strenge Kompetenzverteilung. Für das schöne Wetter ist der Landeshauptmann verantwortlich. Für das schlechte der Bürgermeister." Wem der Satz zeitnah bekannt vorkommt – Erwin Pröll bemächtigte sich dieser Pointe und hat sie selbst gerne und oft angewendet.

Andreas Maurer war einem guten Tropfen nie abgeneigt und trank besonders gerne Rotwein. Durchaus aus politischen Motiven, denn, so erzählt man, hätte er das oft wie folgt kommentiert: „Die Roten gehören beseitigt."

Einen sehr griffigen Sager liefert Maurer in einer Politikerrunde, als diskutiert wurde, ab man den Kommunismus humanisieren könnte. Seine Antwort: „Ein bissl Humanismus, ein bisserl Kommunismus – das gibt's genauso wenig wie ein bissl schwanger."

ÖVP-Werbung 1960

EDUARD HARTMANN

Eduard Hartmann hatte die Landwirtschaft nicht mit der Mutter-, sondern der Kuhmilch eingesogen. Sein Vater betrieb in Laxenburg die „Meierei und Kefir-Anstalt“ betrieben. Damals keine ungewöhnliche Kombination, denn mit den Mitteln der Kefir-Knolle, auch tibetanischer Pilz genannt, wurde damals die Milch sauer und damit spritzig, aber auch länger haltbar gemacht. Der russische Bakteriologe und Nobelpreisträger Ilja Iljitsch Metschnikow hatte 1908 behauptet, dass Kefir das Leben verlängert. Eduard Hartmann konnte davon nicht profitieren, starb er doch schon mit 62 Jahren.

***

Die „Meierei und Kefir-Anstalt“ war wirtschaftlich durchaus profitabel, belieferte sie doch den kaiserlichen Hof in Laxenburg, was dem Image guttat. Doch 1912 musste der Vater den Betrieb verkaufen, weil er drei Geschwister auszahlen musste. Für den achtjährigen Eduard begann ein schulischer Leidensweg.

Der Vater hatte die Wünschek-Drehersche Güterdirektion übernommen und Eduard erst in die Mödlinger Privatschule Mayr und dann als Internatszögling in das Stiftsgymnasium in Melk geschickt. Dort vermisste er die liebevolle Betreuung seiner Mutter Irma und seine Geschwister so sehr, dass er krank wurde und die Schulleistungen mehr als zu wünschen ließen. Also schickte man ihn in Wien ins Gymnasium, das er erfolgreich abschloss.

Die katastrophale Situation während und nach dem Ersten Weltkrieg ging auch an den Hartmanns nicht spurlos vorbei. Eine seiner Schwestern starb an der Schwindsucht, die andere an den Masern. Eduard selbst litt in der achten Klasse schwer an Lungenspitzenkatarrh, er konnte die Schule nur als „Privatist“ absolvieren.

***

Mit den Jahren entwickelte sich Hartmann als einer der ersten Fachleute in Sachen Agrarpolitik. Er war nie Mitglied der NSDAP und galt bei den Nationalsozialisten als „durch und durch schwarz" und „sehr gut mit dem ehemaligen Bundeskanzler Dr. Dollfuß befreundet". Doch auf seine Fachkenntnisse konnte selbst das Dritte Reich nicht verzichten und er wurde schließlich 1942 nach Wien zur Landesbauernschaft Niederdonau versetzt.

***

Eduard Hartmann war mit Helene Brenner verheiratet, das Ehepaar hatte zwei Töchter und einen Sohn. Obwohl er aus eigener Anschauung wusste, wie sehr Kinder ihre Eltern brauchten, hatte er für seine Familie kaum Zeit. Sieben Tage in der Woche widmete er sich ausschließlich den Bauern und deren Anliegen. Die Kinder sahen ihn fast nie, er verbrachte abgesehen vom Urlaub bestenfalls drei oder vier Wochenenden im Jahr mit der Familie – einschließlich Weihnachten und Ostern.

***

Trotz seines Einsatzes hatte er sich nicht überall Freunde gemacht. Als ihn 1949 Landeshauptmann Johann Steinböck auf die Landesliste der niederösterreichischen ÖVP setzte, gelang dies nur gegen den Widerstand der Bauernvertreter. Doch sein Fachwissen war unverzichtbar. Julius Raab holte ihn 1959 als Landwirtschaftsminister in die Regierung, dazu mussten viele Hartmann regelrecht übernehmen.

1964 verließ er die Regierung wieder. Mit dem neuen Bundeskanzler Josef Klaus war er seit Jahren im Clinch gelegen, weil der brachial die Einhaltung der Budgets gefordert hatte. Klaus gab sich gegenüber Hartmanns Gefühlen keinen Illusionen hin und schrieb: „So habe ich etwa mit Landwirtschaftsminister Dr. Hartmann seit damals nie mehr einen menschlichen herzlichen Kontakt gehabt."

***

Größte Probleme hatte Hartmann, als er als Nachfolger von Leopold Figl Landeshauptmann von Niederösterreich wurde. Der von seinem Stellvertreter Viktor Müllner, dem Generaldirektor der NEWAG, verursachte ÖVP-Parteispendenskandal kostete ihm die letzten Kräfte und er erlag, nur zwei Jahre im Amt, am 14. Oktober mit 62 Jahren einem Herzinfarkt. Selbst politische Gegner sagten ihm nur Gutes nach. Bruno Kreisky, damals SPÖ-Außenminister, lobte ihn als eine der „eindrucksvollsten und konziliantesten Persönlichkeiten der Zweiten Republik".

Landeshauptmann Johann Steinböck
bei der Porträtsitzung für seine Büste
im Atelier des Bildhauers August Bodenstein.
um 1958

JOHANN STEINBÖCK

Johann Steinböck stammte, wie fast alle Landeshauptleute Niederösterreichs, aus einer Bauernfamilie. Nach der Volksschule besuchte er die Landwirtschaftliche Winterschule in Tulln, eine besondere Schulform für Bauernkinder. Deren Arbeitskraft wurde im Sommerhalbjahr auf den Feldern und in den Ställen gebraucht, deshalb besuchten sie diesen zweijährigen Zweig ab November und schlossen das Schuljahr bis Mitte April ab. Die Zeiten haben sich geändert, seit den Siebzigerjahren gehören die Winterfachschulen der Geschichte an. Die künftigen Facharbeiter für Landwirtschaft müssen drei volle Schuljahre absolvieren.

***

In die Amtszeit Johann Steinböcks fallen für Niederösterreich wichtige Ereignisse. 1954 gehen 97 sogenannte „Randgemeinden", die von den Nationalsozialisten Wiens eingemeindet worden waren, wieder an das Land. Das erste Teilstück der Westautobahn wird eröffnet und es erfolgt der Spatenstich für den Bau der Südautobahn. Wer demnächst wieder im Stau steht, kann für Johann Steinböck eine Gedenkminute ablegen. Ohne ihn wäre alles noch schlimmer.

***

Johann Steinböck wurde zum Opfer einer besonders föderalistischen Anekdote. 1951 wurde zum ersten Mal der Bundespräsident vom Volk gewählt. Bundeskanzler Julius Raab reiste mit seinem Kandidaten Heinrich Gleissner nach Tirol. Als der spätere Innsbrucker Bürgermeister Alois Lugger sich über Gleissner lustig machte, meinte Raab nur: „Lugger, sei stad, ös Tiroler wählts ja net amal die Zech'n vom Bundespräsidenten." Die Frage danach kam vom mitgereisten und mehr als wohlbeleibten Landeshauptmann Johann Steinböck. Er wollte von Raab wissen, welchen Körperteil denn nun die Niederösterreicher wählen würden. Ein aufgelegter Elfer, den Raab auch sofort verwandelte. Nach einem langen Blick auf Steinböck meinte er nur: „Des waaß i net. Aber ans waaß i: Wenn du der Kandidat warst, Hannes, dann wählatens die Wampen."

Josef Reither zusammen mit Eugen, Erzherzog von Österreich bei einer Kundgebung anlässlich der Aufhebung der Habsburgergesetze in Langenrohr, 1935.

JOSEF REITHER

Josef Reither war zwar bei Weitem nicht der längstdienende Landeshauptmann von Niederösterreich (dieses Verdienst gebührt einstweilen Erwin Pröll), dafür jener, der das Amt am öftesten bekleidet, nämlich insgesamt drei Mal. Er stammt aus einer Bauernfamilie in Langenrohr im Tullnerfeld, wo er mit erst 27 Jahren zum Mitgründer der ortsansässigen Raiffeisenkasse wurde. Kein Wunder, dass ein solcher Mann eine entsprechende Karriere machte und er 1928 Obmann des Niederösterreichischen Bauernbundes wurde und im Kabinett Kurt Schuschnigg vom 29. Juli 1934 bis 17. Oktober 1935 das Amt eines Ministers für Land- und Forstwirtschaft bekleidete.

***

Er war zweifellos ein treuer Gefolgsmann des Ständestaats und bekleidete vor dem Zweiten Weltkrieg das Amt des Landeshauptmanns gleich zwei Mal, von 1931 bis 1932 und – bereits in den Jahren der austrofaschistischen Diktatur – von 1933 bis 1938. Wegen seiner anderen Aufgaben wie der des Landwirtschaftsministers hatte er einen sogenannten Landesstatthalter zur Seite. Einer, der diese Funktion, die einem geschäftsführenden Landeshauptmann entsprach, innehatte, war Landeshauptmann-Stellvertreter Eduard Baar von Baarenfels.

Bereits am Tag der Machtübernahme der Nationalsozialisten am 12. März 1938 musste Reither weichen und wurde als einer der ersten Politiker des Ständestaates in das Konzentrationslager Dachau überstellt, das er im Juli 1941 wieder verlassen konnte. Doch Reither kämpfte weiter gegen den Nationalsozialismus und wurde am 22. Juli 1944 erneut inhaftiert und ins Konzentrationslager Ravensbrück deportiert. Er hatte sich als politischer Beauftragter im Wehrkreis Wien im Rahmen des Juliputsches und des Stauffenberg-Attentats engagiert und war verraten worden. Er überlebte auch diese Zeit und konnte im Sommer 1945 in die Heimat zurückkehren.

Noch im selben Jahr folgte er Leopold Figl, der bis dahin die provisorische Landesregierung leitete. In seiner Amtszeit, nämlich am 12. Dezember 1945, wurde erstmals der NÖ Landtag gewählt. 1949 trat Reither aus gesundheitlichen Gründen zurück und starb nicht einmal ein Jahr später.

Leopold Figl
Porträtsammlung der
Österreichischen Nationalbibliothek

LEOPOLD FIGL

Leopold Figl ist mit zwei Wortmeldungen in die Geschichte eingegangen. Die wohl wichtigste war jenes „Österreich ist frei!", das er auf dem Balkon des Wiener Belvedere winkend den wartenden Menschen zurief. Klingt gut, stimmt aber nicht. Auf dem Balkon befand sich am 15. Mai 1955 gar kein Mikrofon, das gab es nur im Festsaal und Leopold Figl verkündete den Satz relativ unvermittelt am Ende seiner Ansprache direkt nach der Unterzeichnung des Staatsvertrages. Die Rede selbst ist durchaus eigenwillig zu nennen, lobte Figl darin doch ausdrücklich die „große Tradition der österreichischen Handwerkskunst". Dieselbe Firma nämlich, die schon die Verträge des Wiener Kongresses 1815 gebunden hatte, durfte auch den Staatsvertrag „handwerklich ausgestalten".

***

Unterzeichnung des Staatsvertrages, 1955

Aber der ganze Festakt war rhetorisch unter keinem guten Stern gestanden. Der russische Außenminister Wjatscheslaw Molotow sprach viel zu lange, nämlich 24 Minuten, und das nicht über Österreich, sondern über den Kalten Krieg. Das führte dazu, dass der US-amerikanische John Foster Dulles kaum verstanden wurde. Alle Glocken der Stadt hatten um 12 Uhr Mittag zu läuten begonnen, dem geplanten Ende der Zeremonie.

Bemerkenswert war, dass Leopold Figl den Staatsvertrag mit grüner Tinte unterzeichnet hatte. Das wurde zur Tradition; seither wird in den offiziellen Schriftstücken von Bauernbund und Landwirtschaftskammer im Gedenken an Figl grüne Tinte verwendet. Auch Figls Nachfahre im Amt des Niederösterreichischen Landeshauptmanns, Erwin Pröll, benutzt solche grüne Tinte.

***

Das Original des Staatsvertrages liegt in Moskau, genauer gesagt im Zimmer 628 im sechsten Stock des Stalin-Hochhauses an der Moskauer Ringstraße, Sitz des russischen Außenministeriums (MID). Dreihundert Seiten dick ist der „Staatsvertrag zur Wiederherstellung eines demokratischen und unabhängigen Österreich" und zu einem Buch gebunden. 2005 war er kurze Zeit auf der Schallaburg zu sehen gewesen. Eine besondere Auszeichnung, denn die Russen verleihen sonst gar nicht gerne einen internationalen Vertrag, dessen Depositar, also offizieller Hüter sie sind.

Weaner Charme in Moskau:
„Und jetzt, Raab – jetzt noch d'Reblaus,
dann sans waach!"
(Aus Simplicissimus, Zeichnung von H. E. Köhler)

Die Unterzeichnung des Staatsvertrages wurde immer wieder in Zusammenhang mit der großen Trinkfestigkeit Leopold Figls gebracht. Seine Tochter Annemarie Figl sah das anders. Ja, ihr Vater hätte gerne, schon des Gesprächsklimas wegen, das eine oder andere Glas Wein getrunken, „aber er war kein exzessiver Trinker“. Seine entsprechende Standfestigkeit half ihm dennoch vielleicht beim Verhandlungstrinken mit den Russen: „Wodka hat mein Vater gar nicht mögen, aber er wusste, dass es die Russen als Beleidigung empfinden würden, wenn er ihn abgelehnt hätte. Also musste er auch Wodka trinken.“

Die Bedeutung des Alkohols für Leopold Figl wurde von anderen durchaus anders gesehen. So dichtete einst der Schriftsteller Otto Zernatto: „Kein andrer kam ihm gleich. Denn er soff für Österreich ...“

Der Alkohol und der Staatsvertrag also. Zu den großen Anekdoten aus dieser Zeit zählt die Geschichte, dass Bundeskanzler Julius Raab und Außenminister Leopold Figl den sowjetischen Außenminister Wjatscheslaw Michailowitsch Molotow weich getrunken hatten. Das Ziel: Die Streichung des Hinweises auf Österreichs nationalsozialistische Vergangenheit aus der Präambel. Hanns Erich Köhler stellte die Szene in der Münchner Satirezeitschrift Simplicissimus mit dem Titel „Wiener Charme in Moskau“ dar. Julius Raab wurde mit der Zither gezeichnet, Heurigenlieder singend und damit die Sowjets zu Tränen rührend. Und Leopold Figl, die Gunst der Stunde nützend, flüstert in das Ohr seines Kollegen: „Und jetzt, Raab – jetzt noch d’ Reblaus, dann sans waach!“

Tatsächlich wurden die entsprechenden Textstellen gestrichen und das galt jahrzehntelang als ein wesentliches Argument für die sogenannte Opferthese, dass Österreich nämlich keine Schuld an den Gräueln der nationalsozialistischen Diktatur träfe, oft die „Lebenslüge der Zweiten Republik" genannt. Die Zither von Julius Raab mitsamt den Noten ist jedenfalls im Zentralgebäude der Hypo NÖ in St. Pölten ausgestellt. Was aber nichts daran ändert, dass die Reblausg'schicht rund um das Wienerlied mit dem prägnanten Text („I muaß im frühern Lebn eine Reblaus gwesen sein. Ja, sonst wär die Sehnsucht nicht so groß nach einem Wein. Drum tu den Wein ich auch nicht trinken, sondern beißen. I hob den Rotn grod so gearn als wie den Weißn") gar nicht stimmen kann. Denn, so heißt es, war Leopold Figl an dem betreffenden Abend in Moskau, als der Staatsvertrag ausverhandelt wurde, gar nicht dabei, Man hatte ihn schon gegen 20 Uhr ins Bett geschickt, mit so viel Alkohol intus, dass er nicht mehr stehen konnte.

Aber welche Version nun tatsächlich wahr ist – die Geschichte mit der Reblaus ist einfach zu schön, um nicht geglaubt zu werden. Und sie sagt, wie jede gute Anekdote, mehr über den Beschriebenen aus als viele historische Fakten.

***

Zwei bedeutende Ansprachen aus dem Mund Leopold Figls gab's zehn Jahre vorher. Am 21. Dezember 1945 sagte er in seiner Regierungserklärung: „In wenigen Tagen feiern wir Weihnachten. Weihnachten ist für uns ein Hochfest der Familie. Es wird heuer leider kein Weihnachten sein, so wie wir es gerne haben möchten. Auf den Christbäumen, wenn wir welche haben, wird ein schönes Päckchen voll Sorgen hängen."

Drei Tage später dann die legendäre, viel zitierte, oft wiedergegebene Weihnachtsansprache. „Ich kann euch zu Weihnachten nichts geben, ich kann euch für den Christbaum, wenn ihr überhaupt einen habt, keine Kerzen geben, kein Stück Brot, keine Kohle zum Heizen, kein Glas zum Einschneiden. Wir haben nichts. Ich kann euch nur bitten, glaubt an dieses Österreich!"

***

Auch wenn kein Tondokument dieser Rede existiert und es keine Zeugen gibt, die sie bestätigen könnten, dürfte sie in den Grundzügen der Wahrheit entsprechen. Denn es existiert eine Aufnahme, über zwanzig Jahre nach dem Ereignis, drei Wochen vor Figls Tod. Damals veranstaltete Hans

Magenschab als Generalsekretär der Katholischen Verbände auf dem Stephansplatz ein großes Fest zum zwanzigsten Jahrestag des Kriegsendes. Ein Höhepunkt sollte Figls Rede sein – die es aber nicht auf Tonträgern gab. Magenschab recherchierte und rekonstruierte den Text aus Erinnerungen von Zeitzeugen und aus Zeitungsausschnitten. Figls Großneffe Ernst Wolfram Marboe zeichnete die Worte konkret auf. Und der bereits todkranke Figl sprach sie selbst im April 1965 im Funkhaus in der Argentinierstraße in ein Aufnahmegerät. Womit er ihn gleichsam im Nachhinein autorisierte. Als die Aufnahme auf dem Stephansplatz ertönte, begannen viele Teilnehmerinnen und Teilnehmer der Veranstaltung zu weinen, auch Figl selbst.

***

Der Politiker dürfte ein überzeugter Familienmensch gewesen sein, konnte aber – zeitbedingt – wohl auch nicht aus seiner Haut. So erzählte seine Tochter Annemarie Figl über die legendäre Bauernstube des Vaters. „Hier hat er viel mit Politikern, Freunden und Mitarbeitern geredet“, sagte sie, „unmittelbar nach dem Krieg gab es ja keine Restaurants, in denen man sich treffen konnte, also sind sie da gesessen und haben über das Schicksal des zerstörten Landes entschieden.“ Aber natürlich ohne Frau und Kinder. Die waren verbannt, die Türen der Bauernstube blieben für sie fest geschlossen.

Figls Ehefrau Hilde war die Tochter eines hohen Beamten der Niederösterreichischen Landesregierung, Franz Hemala, der sich politisch für die christliche Arbeiterbewegung engagierte. Darüber hinaus hält er einen Rekord, mit dem er Geschichte geschrieben hat: Hemala war genau einen Tag lang, nämlich am 30. April 1934, Bundesratspräsident. Kürzer wie keiner vor und bisher nach ihm.

Hemala war kurze Zeit auch Gemeinderat in Wien. Nach ihm wurde ein 1952 errichtetes Gebäude benannt, der Dr.-Franz-Hemala-Hof. Ein Sgraffito mit Inschrift erinnert an die Lokomotive „Philadelphia", die im August 1838 nach Meidling geliefert und dort für den Einsatz auf der Südbahn (der Bau begann 1839) erprobt wurde. Was absolut nichts mit der Familie Hemala zu tun hat.

Der Schwiegervater war nicht nur in dieser Funktion für Leopold Figl wichtig. Franz Hemala freundete sich während seines Studiums in Wien um 1900 mit dem späteren italienischen Ministerpräsidenten Alcide de Gasperi an, der von 1945 bis 1953 im Amt war. Die Verbindung riss nicht ab, dadurch lernte Leopold Figl seinen nachmaligen Kollegen früh persönlich kennen. Beide trafen einander als Regierungschefs Anfang der Fünfzigerjahre wenigstens zwei Mal geheim in Südtirol und Kärnten.

***

Leopod Figl stand stets dazu, ein begeisterter farbentragender Student zu sein. 1919 gründete er im Gymnasium von St. Pölten gemeinsam mit Julius Raab die katholische Pennalie – heute Mittelschülerkartellverband – Nibelungia. An der Hochschule für Bodenkultur trat er der CV-Verbindung Norica bei und bekam den Couleurnamen Dr. cer. Schwips. Während man den Begriff Schwips wohl nicht erklären muss, verlangt Dr. cer. eine Erläuterung. Die Abkürzung meint Doctor cerevisiae (Doktor des Bieres), ein Titel, der nach studentischem Brauch bei besonderer Trinkfestigkeit verliehen wurde. Von der hatte Leopold Figl wohl genug, bemerkenswert ist nur, dass der bekannte Weintrinker anscheinend auch beim Bier mithalten konnte.

Der Ruf des CV, zu viel Macht im Staat zu haben, leitet sich von Konstellationen ab, die nicht unbedingt der demokratischen Gewaltenteilung entsprechen. So waren zwischen 1959 bis 1961 drei der vier höchsten Verfassungsorganen Österreichs in der Hand von Männern derselben Verbindung: Bundeskanzler Julius Raab, Nationalratspräsident Leopold Figl und Verfassungsgerichtshofpräsident Walter Antoniolli waren sowohl Angehörige der Norica als auch der MKV-Verbindung Nibelungia St. Pölten. Darüber hinaus standen die drei auch als Mitglieder derselben Bierfamilie – eine Bezeichnung für Verflechtungen innerhalb einer Studentenverbindung – in Beziehung.

***

Wer einen guten Grünen Veltliner sucht, ist bei Leopold Figl gut aufgehoben, der ein Weingut in Traismauer leitet. Ob er mit dem Bundeskanzler verwandt ist? Eigentlich schon. Die Familie stammt aus Reidling im Tullnerfeld; ein Teil ist im 18. Jahrhundert nach Rust im Tullnerfeld gezogen. Von diesem Zweig stammt der Politiker Figl ab. Und der Großvater des Weinbauern Leopold Figl – der hieß natürlich auch Leopold – hat früher immer wieder gern ein Vierterl mit dem entfernten Cousin und Politiker getrunken.

Wenn wir denn nun im Tullnerfeld sind, beschließen wir das Kapitel Leopold Figl mit einer Geschichte, die zu den meisterzählten gehört, wenn's um den legendären Mann geht. Wir schreiben das Jahr 1960. Leopold Figl ist Präsident des Nationalrates. Da besucht Nikita Sergejewitsch Chruschtschow, Parteichef der KPdSU und Vorsitzender des Ministerrats, Österreich. Auf dem Programm standen weniger Forderungen als vielmehr Höflichkeiten und vertrauensweckende Maßnahmen. Dazu gehörte ein Besuch auf dem landwirtschaftlichen Gut der Familie Figl, das von Josef Figl, dem älteren Bruder des Politikers, verwaltet wurde. Einerseits kannten einander Figl und Chruschtschow noch von den Staatsvertragsverhandlungen, andererseits hatte der Russe denselben Hang zur Landwirtschaft wie der Österreicher. Also visitierte man gemeinsam das Vieh, die landwirtschaftlichen Maschinen, das Kukuruzfeld, selbst den Misthaufen.

Leopold Figl in einem Weinkeller in Rust im Tullnerfeld.
Foto vom United States Information Service (USIS)

Um die Qualität des Kukuruz enspannte sich zwischen Chruschtschow und den Figls ein Streit darüber, wer denn nun den besseren hätte. Der russische Ministerpräsident behauptete, dass in seinem Land Kukuruz zehn Mal mehr Ertrag bringen würde als der in Österreich. Die Figls hielten wacker dagegen, schließlich kam es zu der legendären Kukuruzwette um ein Zuchtschwein.

Noch mehr aber ging es um die Bauernehre. Josef Figl studierte in Ungarn die Wachstumsbedingungen des russischen Saatgutes, und ein sowjetischer Agrarexperte der Botschaft in Wien kontrollierte das Feld in Rust, in dem russisches Saatgut gesät worden war. Am 16. Oktober 1961 prüften Figl und der sowjetische Botschafter Wiktor Iwanowitsch Awilow, dazu noch Experten beider Staaten, den Ertrag der Ernte und kamen zu dem Ergebnis, dass der russische Kukuruz dem österreichischen gleichwertig sei, aber nicht den zehnfachen Ertrag erbringe. Die Figls waren überglücklich, das ausgelobte Schwein bekamen sie aber nie.

BIOGRAFIE LEOPOLD FIGL

* 2. 10. 1902 bis † 9. 5. 1965

Leopold Figl ist wohl Österreichs populärster Politiker und eine der prägnantesten Figuren der Zeitgeschichte. Er besuchte das Gymnasium in St. Pölten und studierte Agrarwissenschaft. Von 1934 bis 1938 war der Agraringenieur Direktor des Niederösterreichischen Bauernbundes und übernahm damit eine zentrale Funktion im Ständestaat. 1938 wurde er wegen seines Widerstands gegen den Anschluss Österreichs an das Deutsche Reich ins KZ gebracht und war bis 1943 und dann wieder 1944 bis 1945 inhaftiert (KZ Dachau, Mauthausen). 1943 schloss er sich einer Widerstandsbewegung an, in den letzten Kriegswochen wurde er sogar zum Tod verurteilt. Im April 1945 war Figl Mitbegründer und bis 1951 erster Obmann der Österreichischen Volkspartei (ÖVP) und wurde niederösterreichischer Landeshauptmann (25. April 1945 bis 15. Oktober 1945). In den ersten Monaten der Zweiten Republik war Figl zunächst Vizekanzler in der Regierung Renner sowie Mitglied des Nationalrates und wurde nach den Wahlen des Jahres 1945 Bundeskanzler. Er blieb fast acht Jahre Kanzler (bis 2. April 1953), dann war er bis 1959 Außenminister. In beiden Ämtern wirkte er auf die Konsolidierung der neuen Republik und auf ihre internationale Anerkennung hin. 1955 kam unter seiner maßgeblichen Beteiligung der Österreichische Staatsvertrag zustande, der die volle Souveränität Österreichs wiederherstellte. Von 1959 bis 1962 war Figl Präsident des Nationalrates. Nach dem Tod des Landeshauptmanns Johann Steinböck am 31. Jänner 1962 wurde Figl auf Ersuchen des Bauernbundes einstimmig – auch mit den Stimmen der SPÖ – zum Landeshauptmann bestellt. Seine letzten Lebensjahre widmet er voll und ganz Niederösterreich. Er war von Anfang an ein Landeshauptmann „zum Anfassen" und wurde – wie sein Namenspatron – zum überaus populären und beliebten „Landesvater", der von seinen Landsleuten liebevoll „Poldl" genannt wurde. Er war viel unterwegs und kam zu großen und kleinen Festen. So fungierte er im „Drillingsjahr" 1963 viermal als Pate. Ein Jahr zuvor war er Gastgeber des niederländischen Königspaares, Königin Juliane und Prinz Bernhard, die er nach Ybbs-Persenbeug und in die Wachau führte. Während seiner kurzen Amtsperiode wurden mehrere zukunftsweisende Entscheidungen getroffen. Als dritte Landesgesellschaft neben NEOWAG und NIOGAS wurde für die Wasserversorgung die NÖSIWAG geschaffen. 1963 waren alle geschlossenen Siedlungen in Niederösterreich an das Stromnetz angeschlossen. Es gelang die Gemeindestrukturreform, die eine Zusammenlegung von Klein- und Kleinstgemeinden zum Ziel hatte, und der Beginn der Schul- und Bildungsreform im Grundschulbereich, die gegenüber den bisherigen „Zwergschulen" vor Ort dem besseren Bildungsweg bei größerer Entfernung den Vorzug gab, was eine neue Schulorganisation erforderte. Das Wirksamwerden der Reformen erlebte Figl nicht mehr. Er starb in Wien und wurde am 14. Mai 1965, einen Tag vor der Feier des Staatsvertragsjubiläums, unter großer Anteilnahme in einem Ehrengrab am Wiener Zentralfriedhof beigesetzt.

BIOGRAFIE JOSEF REITHER

* 26. 6. 1880 bis † 30. 4. 1950

Der langjährige Landeshauptmann Josef Reither galt als markante Persönlichkeit des politischen Lebens in Niederösterreich. Er war ein Bauer aus Langenrohr im Tullnerfeld und trat im Rahmen des Bauernbundes schon in den frühen 1920er-Jahren hervor, 1928 wurde er dessen Obmann. 1925 bis 1938 und dann wieder 1945 bis 1949 war er auch Präsident der Niederösterreichischen Landwirtschaftskammer, im Ständestaat auch Obmann des Reichsbauernbundes.

***

Insgesamt dreimal bekleidete Reither das Amt des Landeshauptmannes (31. Juli 1931 bis 19. Mai 1932, 18. Mai 1933 bis 12. März 1938 und 15. Oktober 1945 bis 4. Mai 1949), 1934/35 war er auch Bundesminister für Land- und Forstwirtschaft. Der christlich-soziale Politiker verhielt sich stets kompromissbereit und suchte auch in den harten Auseinandersetzungen der frühen 1930er-Jahre die Zusammenarbeit mit den Sozialdemokraten. Später war er überzeugter Funktionär des Ständestaates.

1938 wurde Reither als einer der ersten österreichischen Politiker in das Konzentrationslager Dachau gebracht. Er war auch Insasse des Lagers Ravensbrück und kehrte erst im Herbst 1945 nach Österreich zurück. Wenige Monate nach dem Ende des Zweiten Weltkriegs übernahm er von Leopold Figl wieder das höchste Amt im Land Niederösterreich, das er bis 3. Mai 1949 innehatte. Er starb knapp ein Jahr nach seinem Rücktritt in Tulln.

BIOGRAFIE JOHANN STEINBÖCK

* 12. 6. 1894 bis † 14. 1. 1962

Johann Steinböck wurde als Sohn einer seit 1743 in Frauenhofen bei Horn ansässigen Bauernfamilie geboren und besuchte nach der Volksschule die Landwirtschaftliche Winterschule in Tulln. In der Zwischenkriegszeit übernahm Steinböck die väterliche Wirtschaft, widmete sich daneben aber auch dem Niederösterreichischen Bauernbund und der Christlichsozialen Partei. 1928 wurde er Bürgermeister seiner Heimatgemeinde, 1932 Abgeordneter des Niederösterreichischen Landtags und gleichzeitig auch Obmann der Bezirksbauernkammer Horn.

Von 1934 bis 1938 leitete Steinböck als Landesrat das Gemeinde- und Agrarreferat der Landesregierung. Von 1938 bis 1945 konnte er keine öffentlichen Funktionen bekleiden. Im Mai 1945 wurde er Mitglied des Provisorischen Landesausschusses, im Dezember als Landesrat mit der Führung des Ernährungsreferates und der landwirtschaftlichen Agenden betraut.

Vom 5. Mai 1949 bis zu seinem Tod stand er als Landeshauptmann an der Spitze der Landesregierung. Gleichzeitig wurde er auch Obmann des Niederösterreichischen Bauernbundes und des Verbandes ländlicher Genossenschaften. Als Landeshauptmann widmete er sich allen Belangen der Landwirtschaft, besonders dem landwirtschaftlichen Schulwesen. Er erhielt den Titel „Ökonomierat" und war Träger höchster Auszeichnungen. Er starb 1962 in einer Wiener Klinik.

BIOGRAFIE EDUARD HARTMANN

* 3. 9. 1904 bis † 14. 10. 1966

Eduard Hartmann wurde als Sohn eines Wirtschaftsbesitzers in Laxenburg geboren und besuchte die Gymnasien in Melk und Wien-Hietzing. Anschließend studierte er an der Hochschule für Bodenkultur, die er 1927 als Diplomingenieur abschloss. In der Österreichischen Land- und Forstwirtschaftsgesellschaft tätig, wurde er 1938 nach Linz versetzt.

Ab April 1945 arbeitete er gemeinsam mit Leopold Figl an der Wiedererrichtung der Landwirtschaftskammer für Niederösterreich. Als dessen Nachfolger wurde er am 6. Dezember 1946 zum Direktor des Niederösterreichischen Bauernbundes bestellt, diese Funktion bekleidete er bis zu seinem Tod. Als Mandatar des Bauernbundes im Rahmen der ÖVP wurde er 1949 in den Nationalrat gewählt, dem er bis 1963 angehörte, und am 16. Juli 1959 wurde er als Bundesminister für Land- und Forstwirtschaft in das dritte Kabinett Raab berufen. In dieser Zeit konnte das Landwirtschaftsgesetz mit dem „Grünen Plan" vom Nationalrat beschlossen werden. Auch während der Regierung Gorbach blieb Hartmann Landwirtschaftsminister und wurde 1962 zum Generalanwalt des Österreichischen Raiffeisenverbandes gewählt.

Am 16. Juni 1965 wurde er als Nachfolger Leopold Figls Landeshauptmann, starb jedoch im Oktober des folgendes Jahres völlig unerwartet in Wien an einem Herzinfarkt.

BIOGRAFIE ANDREAS MAURER

* 7. 9. 1919 bis † 25. 10. 2010

Andreas Maurer war der sechste Landeshauptmann der Nachkriegszeit und im Gegensatz zu seinen Vorgängern Leopold Figl und Eduard Hartmann bei seiner Wahl am 24. November 1968 außerhalb Niederösterreichs kaum bekannt. Als Bauernsohn in Trautmannsdorf geboren, erhielt er seine Ausbildung an der Landwirtschaftlichen Fachschule in Bruck an der Leitha und war dann im Rahmen des Bauernbundes und in der Landespolitik tätig. Im Jahre 1959 wurde er in den Landtag entsandt, seit 1964 leitete er das Landwirtschaftsressort in der Landesregierung.

Obwohl ihn manche nur für einen Übergangskandidaten hielten, dauerte seine Amtszeit länger als die aller Vorgänger seit 1922. Zu den in seiner Amtszeit in Angriff genommenen Reformen gehörten die Ausarbeitung der neuen Landesverfassung von 1979, die Einführung der Datenverarbeitung in die Landesverwaltung, ein neues Sportgesetz und die Sozialreform des Jahres 1974. Mit seinem Namen ist auch der Ausbau des Straßennetzes und der Bau mehrerer Donaubrücken verbunden. Im kulturellen Bereich erfolgte die Revitalisierung der Schallaburg, die Landesausstellungen erzielten Rekordbesuche. Ein besonderes Anliegen war ihm, selbst begeisterter Blasmusiker, das bis dahin wenig beachtete Blasmusikwesen.

Der Frage einer Landeshauptstadt stand Maurer reserviert gegenüber, das Land kaufte sogar ein neues Amtsgebäude in der Operngasse in Wien. Die Kommunalreform mit der Reduzierung der Gemeinden und die Schließung vieler kleiner Schulen brachten ihm nicht nur Freunde. Als bei den Wahlen des Jahres 1979 seine Partei Mandate verlor, trat er in der Mitte der Periode am 21. Jänner 1981 zurück.

Lit.: Andreas Maurer, Erinnerungen.
Text- und Bildredaktion G. Mraz, Böhlau, Wien 2009.

BIOGRAFIE SIEGFRIED LUDWIG

* 14. 2. 1926 bis † 16. 4. 2013

Siegfried Ludwig, 1981 bis 1992 Landeshauptmann von Niederösterreich, stammt aus Südmähren. Am 14. Februar 1926 in Wostitz/Vlasatice als Sohn einer bäuerlichen Familie geboren, besuchte er das Gymnasium in Znaim und wurde 1944 zur deutschen Wehrmacht eingezogen. Nach der Rückkehr aus der Kriegsgefangenschaft absolvierte er bis 1953 als Werkstudent das Rechtsstudium und wurde 1954 Bediensteter der Niederösterreichischen Landesregierung. Nach seiner Versetzung nach Wien engagierte er sich besonders in der Betriebsorganisation des ÖAAB im Landhaus und in der Personalvertretung.

Im Jahre 1964 wurde Ludwig in den Niederösterreichischen Landtag gewählt und gehörte seit 1968 der Landesregierung an. In seinem Wohnort Perchtoldsdorf war er von 1975 bis 1981 auch Bürgermeister. In der Landesregierung leitete er das Finanzressort, die überörtliche Raumplanung und die Wohnbauförderung, seit 1969 war Ludwig auch Landeshauptmannstellvertreter. Am 22. Jänner 1981 als Nachfolger von Andreas Maurer zum Landeshauptmann gewählt, bedeutete dies eine Zäsur, da erstmals seit 1922 kein Mitglied des Bauernbundes dieses Amt erhielt.

Ludwig führte auch einen neuen Stil ein, suchte bei Sprechtagen in den Bezirken engen Kontakt zu den Bürgern und machte die Behörden bürgerfreundlicher. Mit der Einleitung der Diskussion über die Schaffung einer Landeshauptstadt im Februar 1984 setzte Ludwig einen besonderen Markstein der Landesentwicklung. Am 2. März 1986 stimmten bei der ersten Volksbefragung in Niederösterreich 56 Prozent für eine eigene Hauptstadt, von den positiven Stimmen entfielen fast 45 Prozent auf St. Pölten (29,3 für Krems, 8,2 für Baden, 5,3 für Tulln und 4,1 für Wiener Neustadt). Am 10. Juli 1986 war die letzte Sitzung des Landtages vor der Sommerpause der Änderung des Artikels 5 der Landesverfassung gewidmet. Demzufolge wurde St. Pölten zur neuen Landeshauptstadt erklärt und festgelegt, dass die Stadt grundsätzlich die gleichen Funktionen wie andere Landeshauptstädte haben sollte, nämlich Sitz der obersten Organe von Gesetzgebung und Verwaltung des Landes zu sein. Der Spatenstich zum neuen Landhaus am 13. September 1992 gehörte zu seinen letzten Aktivitäten als Landeshauptmann. Am 22. Oktober 1992 trat Ludwig zurück und übergab das Amt seinem Nachfolger Erwin Pröll.

BIOGRAFIE ERWIN PRÖLL

*24. 12. 1946

Erwin Pröll, Sohn einer Radlbrunner Weinbauernfamilie im Bezirk Hollabrunn, studierte nach der Matura im Bundesgymnasium Tulln und dem Präsenzdienst beim österreichischen Bundesheer an der Universität für Bodenkultur, seinen ersten Abschluss machte Erwin Pröll 1971 mit dem Diplomingenieur.

Erstes berufliches Betätigungsfeld

Im Österreichischen Bauernbund fand der junge Boku-Absolvent sein erstes berufliches und politisches Betätigungsfeld. Der damalige Bauernbunddirektor Sixtus Lanner holte 1972 den 25-jährigen Agrarökonomen in die Bauernbundzentrale. Als wirtschaftspolitischer Referent hatte er dort die Möglichkeit, bereits in jungen Jahren für die Anliegen und Sorgen der Menschen im ländlichen Raum einzutreten und sich für die österreichischen und niederösterreichischen Bauern einzusetzen.

Neben seiner beruflichen Tätigkeit machte Pröll auch sein Doktorat. Mit seiner Dissertation über „Die Chancen des Grenzlandes am Beispiel des Bezirkes Hollabrunn" gewann er nicht nur fundierte wissenschaftliche Erkenntnisse über die Region, sondern gewährte auch tiefe persönliche Einblicke in die schwierige Lage in seiner unmittelbaren Heimat.

Neue Ära in der NÖ Landespolitik

Seine politische Karriere begann Dr. Erwin Pröll im Ortsbauernrat. Mit 33 Jahren zog er im März 1980 in die NÖ Landesregierung ein und wurde mit dem im Land unter der Enns so bedeutsamen Agrarressort betraut. Es war eine Zäsur im Leben des Radlbrunner Bauernsohnes und gleichzeitig der Beginn einer neuen Ära in der niederösterreichischen Landespolitik.

Bereits neun Monate später, am 22. Jänner 1981, wurde Erwin Pröll zum Landeshauptmann-Stellvertreter der NÖ Landesregierung angelobt. Als Finanzreferent verfolgte er einen Spar- und Konsolidierungskurs, der dennoch zukunftsträchtige Investitionen ermöglichte. In der Umweltpolitik, die ihm ebenfalls ein besonderes Anliegen war, setzte er vor allem auf Müllvermeidung und Mülltrennung.

NÖ Dorferneuerung

Ein Meilenstein war auch die Dorferneuerung. Was im Herbst 1981 mit der Aktion „NÖ schön erhalten – schöner gestalten“ begann, entwickelte sich sehr bald zur größten Bürgerbewegung des Landes, „die für etwas ist“. Die Dorferneuerung, die in Niederösterreich ihren Anfang nahm und eine europaweit erfolgreiche Initiative geworden ist, ist bis heute untrennbar mit dem Namen Erwin Pröll verbunden. Pröll ist zutiefst davon überzeugt, dass das Dorf vom Engagement des Einzelnen lebt, vom Mitgestalten und von der gegenseitigen Mitverantwortung getragen wird. Das Dorf ist Symbol für das neue Selbstbewusstsein des ländlichen Raumes.

Landeshauptmann von Niederösterreich

Am 4. April 1992 wurde Erwin Pröll zum Landesparteiobmann der Volkspartei Niederösterreich gewählt, am 22. Oktober 1992 erfolgte schließlich die Wahl zum Landeshauptmann von Niederösterreich. Er regierte fast 25 Jahre lang das Land und schaffte mit seiner NÖ Volkspartei bei drei Wahlen (2003, 2008 und 2013) die absolute Mehrheit. Am 19. April 2017 trat er als Landeshauptmann zurück und übergab das Zepter an seine Nachfolgerin, Landeshauptfrau Mag. Johanna Mikl-Leitner.

Mit neuen Ideen und der Kraft der Umsetzung sowie mit Verantwortungsbewusstsein und Weitblick stellte Erwin Pröll die Weichen in Richtung Zukunft, eröffnete dem Land im geänderten europäischen Umfeld neue Perspektiven und machte Niederösterreich zu einer wirtschaftlich effizienten und sozial kompetenten Musterregion im Herzen Europas. Wo man sich auch zur gemeinsamen Geschichte und Tradition, zur Gemeinsamkeit und zum Miteinander bekennt, wo man großartige Ideen und Initiativen unterstützt und wo man die vorhandenen Ressourcen und das vorhandene Potenzial nützt.

Erfolgsweg Niederösterreich

Im Wissen um die zukunftsträchtige Lage Niederösterreichs nach Öffnung der Grenzen zu den östlichen und nördlichen Nachbarn forcierte Landeshauptmann Pröll mit Nachdruck den Ausbau der Infrastruktur und die Ansiedlung von zukunftsträchtigen Betrieben im Land. Auch die Stärkung der Grenzregionen, die einherging mit einer grenzüberschreitenden Zusammenarbeit, war ein ganz besonderes Anliegen Prölls. Die vielen internationalen Kontakte brachten auch eine Vielzahl wirtschaftlich bemerkenswerter Ergebnisse, bis hin zur Erschließung der „neuen Märkte" in Asien.

Niederösterreich ist mit der Erweiterung der Europäischen Union nicht nur in die Mitte Europas gerückt, sondern hat von dieser neuen europäischen Perspektive auch überdurchschnittlich profitiert. Um diese Entwicklung nachhaltig zu sichern, hatte Landeshauptmann Pröll eine Initiative gestartet mit dem Ziel, die Ziel-2-Regionalförderungen der Europäischen Union auch in Zukunft weiter zu führen. Fast alle betroffenen Regionen haben sich dem angeschlossen.

Zukunftsprojekte für NÖ

Projekte wie der Campus Krems, das europaweit einzigartige Krebsforschungszentrum MedAustron in Wiener Neustadt, das Forschungszentrum Tulln und die erste Biospritanlage Österreichs im Tullnerfeld leisten wichtige Schrittmacherdienste in Sachen internationaler Wettbewerbsfähigkeit. Mit dem Institute of Science and Technology Austria (I.S.T.A.) in Klosterneuburg konnte ein weiteres Spitzenforschungsprojekt nach Niederösterreich geholt werden.

Ziel von Landeshauptmann Pröll war es, die Forschungsarbeit in Niederösterreich auf breitester Ebene voranzutreiben und das Land zu einem führenden Bildungs-,

Forschungs- und Wissenschaftsstandort zu machen. Wo internationale Wissenschafter arbeiten, dort werden auch wirtschaftliche Impulse ausgelöst und Arbeitsplätze geschaffen. Die erfolgreiche Wissenschafts- und Forschungsachse von Krems über Tulln und Klosterneuburg bis nach Wiener Neustadt ist der beste Beweis dafür. Investitionen in Bildung, Wissenschaft und Forschung verzinsen sich auf dem Weg in die Zukunft um ein Vielfaches.

Kultur als Kraftquelle

Ein großes persönliches Anliegen war Erwin Pröll die Kulturpolitik. In seiner Amtszeit hat Niederösterreich ein eigenständiges kulturelles Profil entwickelt. Es wurde viel in die kulturelle Infrastruktur im Land investiert. So stieg das Kulturbudget des Landes von 37 Millionen Euro (Jahr 1992) auf 130 Millionen Euro (2016). Dutzende größere und kleinere Kulturbauten wurden errichtet, Tausende Quadratmeter Ausstellungsfläche sind entstanden. Kultureinrichtungen im ganzen Land sorgen heute für ein breites kulturelles Angebot. Dazu zählen etwa das Festspielhaus, das Landestheater und das Museum Niederösterreich mit dem neuen Haus der Geschichte in St. Pölten, die Kunstmeile Krems mit Kunsthalle, Karikaturmuseum und Forum Frohner oder der Festival-Standort in Grafenegg. Pröll legte in seiner Kulturarbeit großen Wert auf inhaltliche Breite, von der Volkskultur bis hin zu zeitgenössischer Kunst. Mit Landesausstellungen, dem Theaterfest und den Viertelfestivals wurden gezielt dezentrale Kulturimpulse gesetzt. Effiziente Organisationsstrukturen und ein modernes Kultur-Management wurden eingeführt, Denkmalpflege und der Erhalt des Kulturerbes wurden großgeschrieben. Mit seiner Kulturarbeit verfolgte Pröll ein zweifaches Ziel: Zum einen sollte ein florierender Kulturtourismus für wirtschaftliche Impulse sorgen. Zum anderen sollte ein offenes Kulturklima zu einer Kraftquelle für die Entwicklung des Landes werden und die Kreativität, das Selbstbewusstsein und die Identität im Land stärken.

***

Als Landeshauptmann bezeichnete Erwin Pröll zwei seiner Amtsvorgänger als politische Vorbilder, Leopold Figl und Eduard Hartmann.

Erwin Pröll ist seit 1971 mit Gattin Sissi verheiratet, hat vier Kinder und sechs Enkelkinder. Zu seinen Hobbys zählen Radfahren, Tennis und die Kultur

BUCHEMPFEHLUNGEN

Johannes Twaroch
Österreichischer Anekdotenschatz
Von Altenberg bis Zilk
Buch / gebunden
256 Seiten
23,00 cm x 17,00 cm
ISBN: 978-3-99024-280-3
24,90 €

Johannes Twaroch
Anekdotenschatz
Lauter Literaten
Österreichische
Schriftsteller von A bis Z
Buch / gebunden
240 Seiten
23,00 cm x 17,00 cm
ISBN: 978-3-99024-373-2
24,90 €

Johannes Twaroch
Anekdotenschatz Kaiser
Franz Joseph|
Kurioses, Humorvolles und
Bemerkenswertes
über den alten Kaiser
Buch / gebunden
176 Seiten
23,00 cm x 17,00 cm
ISBN: 978-3-99024-467-8
24,90 €